The Song Of The Moon And The Stars And Other Bilingual Italian-English Stories for Kids

Pomme Bilingual

Published by Pomme Bilingual, 2024.

While every precaution has been taken in the preparation of this book, the publisher assumes no responsibility for errors or omissions, or for damages resulting from the use of the information contained herein.

THE SONG OF THE MOON AND THE STARS AND OTHER BILINGUAL ITALIAN-ENGLISH STORIES FOR KIDS

First edition. August 5, 2024.

ISBN: 979-8223208631

Written by Pomme Bilingual.

Table of Contents

La Canzone della Luna e delle Stelle

In un angolo tranquillo del mondo, dove il cielo baciava la terra e il vento cantava dolci melodie, viveva un piccolo coniglio di nome Lino. Lino amava osservare il cielo notturno, incantato dalla luce delle stelle e dal sorriso luminoso della luna. Ogni sera, prima di addormentarsi, Lino si sedeva su una collina e ascoltava il sussurro della notte.

Una sera, mentre il cielo era dipinto di colori blu profondi e argento scintillante, Lino sentì un suono dolce e misterioso. Era come se qualcuno stesse cantando una canzone meravigliosa, una melodia che sembrava provenire direttamente dal cuore del cielo. Era una musica che parlava di sogni e speranze, di luoghi lontani e di avventure incantevoli.

Lino decise di scoprire da dove proveniva questa canzone magica. Seguendo il suono, il piccolo coniglio attraversò prati e boschi, saltellando con curiosità e meraviglia. Camminò per ore, fino a quando non raggiunse una radura incantata, illuminata dalla luce della luna e circondata da un coro di stelle scintillanti.

Nel centro della radura, vide una piccola figura alata che danzava e cantava. Era una fatina, con ali di luce e capelli dorati come il sole. La fatina era immersa nella sua canzone, e ogni nota sembrava portare con sé una magia speciale.

"Ciao," disse Lino timidamente. "Sono Lino. Ho seguito la tua canzone perché è così bella. Posso chiederti di cosa parla?"

La fatina smise di cantare e volò dolcemente verso Lino. "Ciao, piccolo amico," rispose con un sorriso gentile. "La mia canzone parla di un viaggio attraverso i sogni. Ogni notte, le stelle e la luna cantano insieme a me per ispirare tutti i piccoli cuori che sognano e sperano."

Lino ascoltò attentamente e sentì il calore delle parole della fatina avvolgerlo. "Mi piace molto," disse Lino. "Ma come fai a comporre una canzone così speciale?"

La fatina si sedette accanto a Lino e guardò il cielo stellato. "La musica che canto è fatta di tante piccole cose. Le stelle mi raccontano storie, la luna mi guida con la sua luce, e il vento mi sussurra segreti. Tutto questo si unisce per creare una melodia che tocca i cuori."

Lino guardò il cielo con occhi pieni di meraviglia. "Posso aiutarti a cantare?" chiese, desiderando far parte di quella magia.

La fatina sorrise e annuì. "Certo, Lino. Ogni voce è importante e ogni canzone è più bella quando è condivisa."

Così, la fatina e Lino iniziarono a cantare insieme. Lino non sapeva esattamente cosa cantare, ma seguì il ritmo della melodia della fatina e presto la sua voce si fuse con la sua. La radura si riempì di una musica dolce e luminosa, e il cielo sembrava applaudire con le sue stelle scintillanti.

Quando la canzone finì, Lino si sentì felice e in pace. "Grazie per avermi lasciato cantare con te," disse, sorridendo alla fatina.

"Grazie a te, Lino," rispose la fatina. "La tua voce ha aggiunto qualcosa di speciale alla nostra melodia. Ricorda, ogni cuore ha una canzone unica, e il mondo è un posto più magico quando siamo tutti insieme."

Lino tornò a casa con un cuore pieno di gioia e una canzone nuova nel suo cuore. Ogni notte, quando guardava il cielo, cantava la sua melodia insieme alla luna e alle stelle, sapendo che la magia della musica è un dono che può unire tutti.

The Song of the Moon and the Stars

In a quiet corner of the world, where the sky kissed the earth and the wind sang sweet melodies, lived a little rabbit named Lino. Lino loved to gaze at the night sky, enchanted by the light of the stars and the bright smile of the moon. Every evening, before falling asleep, Lino would sit on a hill and listen to the whisper of the night.

One evening, as the sky was painted in deep blue and shimmering silver, Lino heard a sweet and mysterious sound. It was as if someone was singing a wonderful song, a melody that seemed to come straight from the heart of the sky. It was music that spoke of dreams and hopes, of faraway places and enchanting adventures.

Lino decided to discover where this magical song was coming from. Following the sound, the little rabbit hopped through meadows and forests, bouncing with curiosity and wonder. He walked for hours until he reached an enchanted glade, lit by the moonlight and surrounded by a chorus of twinkling stars.

In the center of the glade, he saw a small, winged figure dancing and singing. It was a fairy, with wings of light and hair as golden as the sun. The fairy was immersed in her song, and every note seemed to carry a special magic.

"Hello," Lino said timidly. "I'm Lino. I followed your song because it's so beautiful. Can I ask you what it's about?"

The fairy stopped singing and floated gently towards Lino. "Hello, little friend," she replied with a kind smile. "My song is about a journey through dreams. Every night, the stars and the moon sing with me to inspire all the little hearts that dream and hope."

Lino listened carefully and felt the warmth of the fairy's words surround him. "I really like it," said Lino. "But how do you compose such a special song?"

The fairy sat next to Lino and looked at the starry sky. "The music I sing is made of many little things. The stars tell me stories, the moon guides me with its light, and the wind whispers secrets to me. All this comes together to create a melody that touches hearts."

Lino looked at the sky with eyes full of wonder. "Can I help you sing?" he asked, wanting to be part of that magic.

The fairy smiled and nodded. "Of course, Lino. Every voice is important, and every song is more beautiful when shared."

So, the fairy and Lino began to sing together. Lino didn't know exactly what to sing, but he followed the rhythm of the fairy's melody, and soon his voice blended with hers. The glade was filled with a sweet and luminous music, and the sky seemed to applaud with its twinkling stars.

When the song ended, Lino felt happy and at peace. "Thank you for letting me sing with you," he said, smiling at the fairy.

"Thank you, Lino," replied the fairy. "Your voice added something special to our melody. Remember, every heart has a unique song, and the world is a more magical place when we are all together."

Lino returned home with a heart full of joy and a new song in his heart. Every night, when he looked at the sky, he sang his melody along with the moon and the stars, knowing that the magic of music is a gift that can unite everyone.

La Melodia del Giardino Segreto

C'era una volta, in un angolo sereno del mondo, un piccolo villaggio circondato da colline verdi e boschi fitti. In questo villaggio viveva una bambina di nome Viola, con capelli ricci e occhi curiosi come il cielo in una giornata di primavera. Viola amava esplorare e scoprire nuovi luoghi, e il suo posto preferito era un giardino segreto che solo lei sembrava conoscere.

Questo giardino, nascosto dietro un'antica porta di legno, era un luogo magico. Le piante avevano fiori dai colori vivaci e le farfalle danzavano tra i petali come se fossero fatine. Ogni angolo del giardino era adornato con piccole meraviglie: un laghetto cristallino, un'altalena fatta di rami intrecciati e una piccola casetta di legno coperta di muschio.

Un pomeriggio d'estate, mentre il sole calava e il cielo si tingeva di arancione, Viola si avvicinò alla sua porta segreta e, come al solito, la trovò chiusa. Ma quella volta, la porta sembrava diversa. C'era una leggera melodia che fluttuava nell'aria, un suono dolce e misterioso che sembrava provenire dall'interno del giardino.

Viola si chiedeva da dove potesse venire quella musica. Non aveva mai sentito nulla di simile prima. Decise di aprire la porta con molta cautela, e con un leggero cigolio, il giardino segreto si rivelò ancora più splendido del solito. L'aria era densa di profumi floreali e la musica era ancora più chiara e avvolgente.

Seguendo il suono, Viola si inoltrò nel giardino e si diresse verso la piccola casetta di legno. Quando vi entrò, scoprì che non era vuota come pensava. Al centro della stanza c'era un vecchio pianoforte a coda, ricoperto di polvere e ragnatele. Ma quello che attirò maggiormente la sua attenzione fu un piccolo uomo vestito di verde, seduto al pianoforte e intento a suonare con le sue mani piccole e agili.

"Ciao," disse Viola, avvicinandosi timidamente. "Sono Viola. Che cos'è questa musica? Non l'ho mai sentita prima."

Il piccolo uomo alzò lo sguardo e le sorrise. "Ciao, Viola. Mi chiamo Arlo. Questa è una musica speciale che ho creato per questo giardino. Ogni nota è un pensiero, ogni melodia è una storia che il giardino vuole raccontare."

Viola era affascinata. "Perché il giardino vuole raccontare storie? E come fai a sapere cosa vuole dire?"

Arlo si alzò e si avvicinò a Viola. "Il giardino è vivo. Ha il suo modo di comunicare attraverso i suoni e i colori. Ogni volta che qualcosa di nuovo accade, il giardino esprime le sue emozioni attraverso la musica. Io sono solo il messaggero."

Viola guardò il pianoforte con meraviglia. "Posso imparare a suonare anche io?"

Arlo la guardò con un sorriso incoraggiante. "Certo! Ogni cuore ha una propria melodia, e il giardino sarà felice di ascoltarla. Ti insegnerò le basi, e poi potrai scoprire la tua canzone."

Così, Arlo iniziò a insegnare a Viola le note e i ritmi del pianoforte. Lei si sforzava di imparare, ma ogni tanto faceva errori e il suono che ne risultava non era perfetto. Arlo le sorrideva sempre e le diceva che non esistono errori nella musica del giardino, solo nuove scoperte.

Mentre Viola imparava a suonare, il giardino si trasformava. Le piante sembravano muoversi a ritmo della musica, e i fiori sbocciavano in colori più intensi. Le farfalle danzavano come se avessero ascoltato una sinfonia. Era come se ogni nota che Viola suonava aggiungesse una nuova dimensione al mondo che la circondava.

Un giorno, mentre Viola stava suonando una melodia che aveva composto da sola, sentì qualcosa di strano. Una dolce vibrazione attraversò il pianoforte, e le note sembravano danzare nell'aria. Il giardino era in fermento, come se stesse preparando qualcosa di speciale. Arlo le si avvicinò e le disse: "Viola, sembra che tu abbia trovato una melodia davvero speciale. Il giardino sta rispondendo al tuo canto."

Viola si sentì emozionata e nervosa allo stesso tempo. "Cosa succederà ora?"

Arlo la guardò con gentilezza. "Quando una melodia è autentica e sincera, può dare vita a meraviglie. Il giardino ha il potere di rispondere ai sentimenti e alle emozioni, e tu hai toccato qualcosa di profondo."

Mentre Viola continuava a suonare, il giardino sembrava rispondere con una sinfonia di suoni e colori. Le foglie degli alberi brillavano di mille sfumature, e il laghetto scintillava come una distesa di stelle. Il vento portava la melodia ovunque, e gli animali del giardino si radunavano per ascoltare.

Quando la musica finì, Viola si sentì in pace e soddisfatta. "È stato incredibile," disse a Arlo. "Non avrei mai pensato che la musica potesse fare tutto questo."

Arlo le sorrise e disse: "La musica è un linguaggio universale. Può esprimere ciò che le parole non possono e può connetterci con la magia del mondo che ci circonda. Tu hai trovato il tuo posto nel cuore del giardino, e il giardino ha trovato il suo posto nel tuo cuore."

Viola tornò a casa con una nuova comprensione della musica e del mondo. Ogni volta che suonava, sentiva il giardino segreto vibrante di vita, come se ogni nota che emetteva fosse un ponte tra lei e il luogo magico che aveva scoperto. E ogni sera, quando il sole tramontava e il cielo si colorava di sfumature dorate, Viola andava al giardino segreto per suonare e per sentire la melodia che univa la sua anima al cuore pulsante del mondo.

Il giardino segreto rimase un luogo di bellezza e meraviglia, e Viola lo visitava spesso per ritrovare la sua ispirazione e per ringraziare Arlo, il piccolo uomo verde che le aveva insegnato a scoprire la propria melodia. E così, la musica continuò a fluire, unendo i cuori e rendendo il mondo un posto più magico e armonioso.

The Melody of the Secret Garden

Once upon a time, in a serene corner of the world, there was a small village surrounded by green hills and dense forests. In this village lived a girl named Viola, with curly hair and curious eyes like the spring sky. Viola loved exploring and discovering new places, and her favorite spot was a secret garden that only she seemed to know.

This garden, hidden behind an ancient wooden door, was a magical place. The plants had brightly colored flowers, and butterflies danced among the petals as if they were fairies. Every corner of the garden was adorned with small wonders: a crystal-clear pond, a swing made of woven branches, and a little wooden house covered in moss.

One summer afternoon, as the sun was setting and the sky turned orange, Viola approached her secret door and, as usual, found it closed. But this time, the door seemed different. There was a faint melody floating in the air, a sweet and mysterious sound that seemed to come from inside the garden.

Viola wondered where this music could be coming from. She had never heard anything like it before. She decided to open the door carefully, and with a gentle creak, the secret garden revealed itself even more splendid than usual. The air was thick with floral scents, and the music was clearer and more enveloping.

Following the sound, Viola ventured into the garden and headed toward the little wooden house. When she entered, she discovered it was not empty as she had thought. In the center of the room was an old grand piano, covered in dust and cobwebs. But what caught her attention most was a small man dressed in green, sitting at the piano and playing with his small, nimble hands.

"Hello," Viola said timidly as she approached. "I'm Viola. What is this music? I've never heard it before."

The small man looked up and smiled. "Hello, Viola. My name is Arlo. This is a special music I created for this garden. Every note is a thought, every melody is a story the garden wants to tell."

Viola was fascinated. "Why does the garden want to tell stories? And how do you know what it wants to say?"

Arlo got up and approached Viola. "The garden is alive. It has its way of communicating through sounds and colors. Every time something new happens, the garden expresses its emotions through music. I am just the messenger."

Viola looked at the piano with wonder. "Can I learn to play too?"

Arlo looked at her with an encouraging smile. "Of course! Every heart has its own melody, and the garden will be happy to listen to it. I will teach you the basics, and then you can discover your own song."

So, Arlo began teaching Viola the notes and rhythms of the piano. She worked hard to learn, but sometimes she made mistakes, and the resulting sound was not perfect. Arlo always smiled and told her that there were no mistakes in the garden's music, only new discoveries.

As Viola learned to play, the garden transformed. The plants seemed to move in time with the music, and the flowers bloomed in more vibrant colors. The butterflies danced as if they had heard a symphony. It was as if every note Viola played added a new dimension to the world around her.

One day, while Viola was playing a melody she had composed herself, she felt something strange. A sweet vibration traveled through the piano, and the notes seemed to dance in the air. The garden was abuzz, as if preparing something special. Arlo came over and said, "Viola, it seems you've found a truly special melody. The garden is responding to your song."

Viola felt excited and nervous at the same time. "What will happen now?"

Arlo looked at her with kindness. "When a melody is authentic and sincere, it can bring about wonders. The garden has the power to respond to feelings and emotions, and you have touched something deep."

As Viola continued to play, the garden seemed to respond with a symphony of sounds and colors. The leaves of the trees glowed in a thousand hues, and the pond sparkled like a sea of stars. The wind carried the melody everywhere, and the garden animals gathered to listen.

When the music ended, Viola felt peaceful and content. "It was amazing," she said to Arlo. "I never thought music could do all this."

Arlo smiled at her and said, "Music is a universal language. It can express what words cannot and connect us with the magic of the world around us. You have found your place in the heart of the garden, and the garden has found its place in your heart."

Viola went home with a new understanding of music and the world. Whenever she played, she felt the secret garden vibrant with life, as if every note she played was a bridge between her and the magical place she had discovered. And every evening, when the sun set and the sky turned golden, Viola would visit the secret garden to play and to feel the melody that united her soul with the beating heart of the world.

The secret garden remained a place of beauty and wonder, and Viola visited it often to find inspiration and to thank Arlo, the little green man who had taught her to discover her own melody. And so, the music continued to flow, uniting hearts and making the world a more magical and harmonious place.

Il Lago dei Sogni Perduti

In un angolo nascosto della campagna, lontano dalle strade affollate e dai rumori della città, c'era un piccolo lago incantato, circondato da alberi secolari e avvolto da un velo di mistero. Il lago era così tranquillo e cristallino che rifletteva il cielo come uno specchio, e si diceva che avesse il potere di esaudire i desideri dei cuori puri.

Nel villaggio vicino, viveva una ragazzina di nome Sara. Sara era una bambina vivace e sognatrice, con occhi che brillavano di curiosità e capelli che ondeggiavano come il vento tra i campi. Ogni giorno, Sara amava passeggiare nei boschi e lungo i sentieri, sognando ad occhi aperti e immaginando avventure straordinarie.

Un pomeriggio d'estate, mentre il sole era alto nel cielo e il vento cantava melodie tra le foglie, Sara decise di avventurarsi fino al lago dei sogni perduti, di cui aveva sentito parlare tante volte ma che non aveva mai visto con i propri occhi. Si era immaginata mille storie e leggende su quel luogo magico, e ora era finalmente pronta a scoprire se le favole che aveva ascoltato erano vere.

Sara si incamminò lungo un sentiero nascosto tra gli alberi, seguendo il suono tranquillo dell'acqua che scorreva. Dopo una breve camminata, il sentiero si aprì in una radura, e lì, davanti ai suoi occhi, apparve il lago, circondato da una cornice di fiori selvatici e alberi dai tronchi enormi.

Il lago era così calmo che sembrava non muoversi affatto. Sara si avvicinò lentamente e si inginocchiò vicino al bordo, osservando le sue acque cristalline. Ogni volta che si avvicinava, i riflessi dei colori dell'ambiente danzavano come piccole scintille. Sara si chiese se il lago avrebbe potuto parlare e raccontarle le sue storie.

Mentre contemplava, un piccolo animale saltellante, una rana verde con occhi grandi e luminosi, saltò vicino a lei e si fermò. La rana guardò Sara con curiosità e disse: "Ciao, piccola esploratrice. Sei venuta a cercare qualcosa di speciale?"

Sara sorrise sorpresa. "Ciao, rana. Sì, sono venuta a scoprire il lago dei sogni perduti. Ho sentito che qui si possono trovare risposte ai desideri. È vero?"

La rana annuì e disse: "È vero, ma non è così semplice. Questo lago non esaudisce desideri come i racconti delle favole. Piuttosto, aiuta a trovare ciò che è già nel tuo cuore."

Sara rimase un po' delusa. "Ma come posso fare per scoprire quello che è nel mio cuore?"

La rana si strinse nelle spalle e disse: "Devi ascoltare il silenzio e osservare attentamente. Il lago parla a chi sa ascoltare. Ogni desiderio che hai deve essere chiaro e sincero."

Sara si sedette vicino al lago e chiuse gli occhi, cercando di calmare la sua mente. Le onde leggere del lago sembravano cantare una melodia dolce e rassicurante, e il vento portava con sé l'eco di una musica lontana. Sara sentiva che il lago era vivo e che aveva una saggezza antica da condividere.

Dopo un po', aprì gli occhi e si accorse che il riflesso dell'acqua stava cambiando. Le immagini che vedeva non erano più solo i colori e le forme degli alberi e dei fiori, ma sembravano prendere vita e raccontare una storia. Sara vide immagini di un piccolo villaggio, di una bambina simile a lei che piangeva perché aveva perso qualcosa di importante, e di un viaggio attraverso campi e boschi per ritrovare ciò che era stato perso.

Sara capì che la storia che il lago le stava mostrando era la sua stessa storia. Aveva perso qualcosa di prezioso, ma il viaggio per ritrovarlo era ciò che la avrebbe aiutata a comprendere e ad apprezzare quello che aveva. Era un viaggio non solo fisico, ma anche interiore.

La rana, che sembrava osservare tutto con attenzione, disse: "Hai visto qualcosa che ti ha colpito?"

Sara annuì. "Ho visto una storia che sembra raccontare di una perdita e di un viaggio per ritrovare qualcosa. Mi sembra che il lago stia cercando di dirmi che devo capire cosa è importante per me e che il viaggio stesso è la chiave per trovare quello che cerco."

La rana sorrise. "Esatto. Il lago non ti darà le risposte, ma ti guiderà a trovarle dentro di te. I desideri veri sono quelli che nascono dal cuore, e a volte il viaggio per scoprire cosa è veramente importante è più prezioso del desiderio stesso."

Sara rifletté su queste parole e si sentì sollevata. Aveva imparato che la vera magia non risiedeva solo nel trovare ciò che si desidera, ma nel comprendere e apprezzare il cammino che si percorre per arrivarci.

Decise di passare il resto della giornata esplorando i dintorni del lago. Scoprì sentieri nascosti, osservò gli animali e i fiori, e si sentì profondamente connessa con la natura. Era come se il lago le avesse aperto gli occhi su un mondo che aveva sempre avuto davanti, ma che non aveva mai veramente visto.

Quando il sole cominciò a tramontare e il cielo si tingeva di tonalità dorate e rosa, Sara sapeva che era il momento di tornare a casa. Ma non tornava con la mente vuota o con un desiderio non realizzato. Tornava con un cuore pieno di gratitudine e comprensione, consapevole che il viaggio che aveva fatto le aveva insegnato più di quanto avesse mai immaginato.

La rana le fece un cenno di saluto e le disse: "Ricorda, Sara, il lago dei sogni perduti è sempre qui per te. Ogni volta che avrai bisogno di riflessione e chiarezza, puoi tornare e ascoltare. La vera magia è dentro di te e nel viaggio che scegli di fare."

Sara tornò a casa con un sorriso e una nuova consapevolezza. La sua esperienza al lago dei sogni perduti le aveva mostrato che le risposte che cercava erano già dentro di lei e che ogni desiderio sincero era un passo verso la scoperta di chi era veramente.

E così, il lago continuò a brillare sotto il cielo sereno, accogliendo tutti coloro che cercavano di ascoltare e di scoprire i loro sogni più profondi. Sara visitò spesso il lago, non solo per cercare risposte, ma per celebrare il viaggio stesso e per ricordare la magia che risiede in ogni passo che facciamo verso la comprensione di noi stessi.

The Lake of Lost Dreams

In a hidden corner of the countryside, far from bustling roads and city noise, there was a small enchanted lake, surrounded by ancient trees and shrouded in a veil of mystery. The lake was so calm and clear that it reflected the sky like a mirror, and it was said to have the power to grant wishes to pure hearts.

In the nearby village lived a girl named Sara. Sara was a lively and dreamer child, with eyes that sparkled with curiosity and hair that swayed like the wind among the fields. Every day, Sara loved to walk through the woods and along the trails, daydreaming and imagining extraordinary adventures.

One summer afternoon, while the sun was high in the sky and the wind sang melodies among the leaves, Sara decided to venture to the Lake of Lost Dreams, which she had heard about many times but had never seen with her own eyes. She had imagined a thousand stories and legends about this magical place, and now she was finally ready to see if the tales she had heard were true.

Sara walked along a hidden path between the trees, following the gentle sound of flowing water. After a short walk, the path opened up into a clearing, and there, before her eyes, appeared the lake, surrounded by a frame of wildflowers and trees with enormous trunks.

The lake was so still it seemed not to move at all. Sara approached slowly and knelt by the edge, watching the crystal-clear water. Every time she got closer, the reflections of the colors in the environment danced like little sparkles. Sara wondered if the lake could speak and tell her its stories.

As she contemplated, a small, hopping animal, a green frog with big, bright eyes, hopped up beside her and stopped. The frog looked at Sara with curiosity and said, "Hello, little explorer. Have you come in search of something special?"

Sara smiled in surprise. "Hello, frog. Yes, I've come to discover the Lake of Lost Dreams. I've heard that here you can find answers to your wishes. Is it true?"

The frog nodded and said, "It's true, but it's not so simple. This lake doesn't grant wishes like fairy tales. Instead, it helps to find what's already in your heart."

Sara felt a bit disappointed. "But how can I discover what's in my heart?"

The frog shrugged and said, "You need to listen to the silence and observe carefully. The lake speaks to those who know how to listen. Every wish you have must be clear and sincere."

Sara sat by the lake and closed her eyes, trying to calm her mind. The gentle waves of the lake seemed to sing a sweet and reassuring melody, and the wind carried with it the echo of distant music. Sara felt that the lake was alive and had ancient wisdom to share.

After a while, she opened her eyes and noticed that the reflection in the water was changing. The images she saw were no longer just the colors and shapes of the trees and flowers, but seemed to come to life and tell a story. Sara saw images of a small village, of a girl who looked like her, crying because she had lost something important, and of a journey through fields and woods to find what had been lost.

Sara realized that the story the lake was showing her was her own story. She had lost something precious, but the journey to find it was what would help her understand and appreciate what she had. It was a journey not just physical, but also inner.

The frog, who seemed to be watching everything attentively, asked, "Did you see something that struck you?"

Sara nodded. "I saw a story that seems to talk about a loss and a journey to find something. It seems like the lake is trying to tell me that I need to understand what is important to me and that the journey itself is the key to finding what I seek."

The frog smiled. "Exactly. The lake won't give you the answers, but it will guide you to find them within yourself. True wishes are those that come from the heart, and sometimes the journey to discover what is truly important is more valuable than the wish itself."

Sara reflected on these words and felt relieved. She had learned that true magic was not just in finding what you wish for, but in understanding and appreciating the path you take to get there.

She decided to spend the rest of the day exploring the surroundings of the lake. She discovered hidden paths, observed animals and flowers, and felt deeply connected with nature. It was as if the lake had opened her eyes to a world that had always been in front of her but had never truly been seen.

As the sun began to set and the sky turned golden and pink, Sara knew it was time to go home. But she did not return with an empty mind or an unfulfilled wish. She returned with a heart full of gratitude and understanding, aware that the journey she had made had taught her more than she had ever imagined.

The frog gave her a farewell nod and said, "Remember, Sara, the Lake of Lost Dreams is always here for you. Whenever you need reflection and clarity, you can return and listen. True magic is within you and in the journey you choose to take."

Sara went home with a smile and a new awareness. Her experience at the Lake of Lost Dreams had shown her that the answers she sought were already within her and that every sincere wish was a step toward discovering who she truly was.

And so, the lake continued to shine under the serene sky, welcoming all those who sought to listen and discover their deepest dreams. Sara visited the lake often, not only to seek answers but to celebrate the journey itself and to remember the magic that resides in every step we take toward understanding ourselves.

Il Viaggio di Luce e Ombra

C'era una volta in un piccolo villaggio chiamato Serenia, una bambina di nome Alba. Alba aveva un dono speciale: riusciva a vedere la luce e l'ombra delle persone. Non la luce e l'ombra del sole, ma la luce e l'ombra del cuore. Sapeva quando qualcuno era felice o triste, quando aveva un segreto nascosto o un sogno brillante.

Un giorno, mentre passeggiava nel bosco vicino a casa sua, Alba incontrò una volpe dal manto argentato e gli occhi saggi. La volpe le disse: "Alba, ti stavo cercando. Ho bisogno del tuo aiuto per un viaggio importante."

"Un viaggio? Dove andremo?" chiese Alba, incuriosita.

"La nostra destinazione è un luogo dove le ombre dominano e la luce è quasi scomparsa. Si chiama la Valle dei Ricordi Perduti," rispose la volpe.

Alba, con il cuore pieno di coraggio e la curiosità tipica dei bambini, accettò la sfida. Insieme alla volpe, iniziò il suo viaggio attraverso foreste oscure e prati scintillanti, guidata dalle stelle e dai sussurri del vento.

Durante il cammino, Alba incontrò diversi personaggi, ognuno con la propria luce e la propria ombra. Incontrò un vecchio saggio che aveva perso la speranza, un giovane artista che temeva il fallimento e una bambina che cercava la sua strada nel mondo. Con ciascuno di loro, Alba usò il suo dono per aiutarli a trovare un equilibrio tra la loro luce e la loro ombra, mostrandogli come entrambe fossero necessarie per vivere una vita piena e autentica.

Quando finalmente raggiunsero la Valle dei Ricordi Perduti, Alba capì perché la volpe l'aveva portata lì. La valle era avvolta in una nebbia densa e oscura, e il sole sembrava essere stato inghiottito da un buio senza fine. La volpe spiegò che la valle era un luogo dove le persone venivano a dimenticare le parti dolorose della loro vita, ma così facendo perdevano anche i ricordi felici e la loro luce interiore.

"Devi aiutare queste persone a ritrovare la loro luce," disse la volpe. "Solo tu puoi farlo, Alba."

Alba si mise all'opera. Con il suo dono, iniziò a parlare con gli abitanti della valle, ascoltando le loro storie e aiutandoli a ricordare non solo le ombre ma anche i momenti di gioia e di amore che avevano vissuto. Poco a poco, la nebbia iniziò a sollevarsi e la luce a ritornare nella valle. I fiori cominciarono a sbocciare, gli uccelli a cantare e il sole a splendere di nuovo.

Alla fine del suo viaggio, Alba capì una lezione importante: non possiamo scappare dalle nostre ombre, ma possiamo imparare a convivere con esse, trovando un equilibrio che ci permetta di vedere la bellezza anche nei momenti di oscurità. Tornò a Serenia con il cuore leggero e una nuova consapevolezza, pronta a condividere la sua saggezza con chiunque avesse bisogno di ritrovare la propria luce.

The Journey of Light and Shadow

Once upon a time in a small village called Serenia, there was a girl named Alba. Alba had a special gift: she could see the light and shadow within people. Not the light and shadow of the sun, but the light and shadow of the heart. She knew when someone was happy or sad, when they had a hidden secret or a shining dream.

One day, while walking in the woods near her home, Alba met a silver-coated fox with wise eyes. The fox said to her, "Alba, I've been looking for you. I need your help for an important journey."

"A journey? Where are we going?" Alba asked, intrigued.

"Our destination is a place where shadows dominate and light is almost gone. It's called the Valley of Lost Memories," the fox replied.

Alba, with a heart full of courage and the curiosity typical of children, accepted the challenge. Together with the fox, she began her journey through dark forests and shimmering meadows, guided by the stars and the whispers of the wind.

During the journey, Alba met various characters, each with their own light and shadow. She met an old sage who had lost hope, a young artist who feared failure, and a little girl searching for her place in the world. With each of them, Alba used her gift to help them find a balance between their light and shadow, showing them how both were necessary to live a full and authentic life.

When they finally reached the Valley of Lost Memories, Alba understood why the fox had brought her there. The valley was shrouded in a dense and dark fog, and the sun seemed to have been swallowed by endless darkness. The fox explained that the valley was a place where people came to forget the painful parts of their lives, but in doing so, they also lost their happy memories and their inner light.

"You must help these people find their light again," said the fox. "Only you can do it, Alba."

Alba got to work. Using her gift, she began talking to the inhabitants of the valley, listening to their stories and helping them remember not only the shadows but also the moments of joy and love they had experienced. Little by little, the fog began to lift, and light returned to the valley. Flowers started to bloom, birds sang, and the sun shone again.

At the end of her journey, Alba learned an important lesson: we cannot run away from our shadows, but we can learn to live with them, finding a balance that allows us to see beauty even in moments of darkness. She returned to Serenia with a light heart and a new understanding, ready to share her wisdom with anyone who needed to find their own light.

L'Albero dei Desideri

C'era una volta un piccolo villaggio chiamato Felicizia, dove viveva un bambino di nome Nico. Nico era conosciuto da tutti per il suo sorriso contagioso e il suo cuore gentile. Ogni giorno, Nico esplorava i boschi intorno al villaggio, sempre alla ricerca di nuove avventure.

Un giorno, mentre camminava lungo un sentiero sconosciuto, Nico notò un albero straordinario. Era diverso da qualsiasi altro albero che avesse mai visto: i suoi rami si estendevano verso il cielo come mani che cercavano di afferrare le stelle, e le sue foglie brillavano di mille colori.

Nico si avvicinò con cautela. Al piede dell'albero c'era un vecchio libro legato a un ramo con un nastro dorato. Curioso, Nico aprì il libro e iniziò a leggere. Il libro parlava dell'Albero dei Desideri, un albero magico capace di esaudire i desideri più profondi di chi aveva un cuore puro e sincero.

"Wow, un albero dei desideri!" esclamò Nico. Ma subito si rese conto che c'era una condizione: "Per esaudire un desiderio, devi intraprendere un viaggio e trovare tre chiavi nascoste nel bosco. Solo allora l'albero ascolterà il tuo desiderio."

Determinato, Nico decise di accettare la sfida. Prima di partire, chiuse gli occhi e pensò al suo desiderio più profondo: "Vorrei che tutti nel mio villaggio siano sempre felici."

Con il cuore pieno di speranza, Nico iniziò il suo viaggio. La prima tappa lo portò a un fiume cristallino. Sulle rive del fiume, incontrò una tartaruga anziana che sembrava conoscere molte storie. "Ciao, tartaruga," disse Nico. "Sto cercando la prima chiave per l'Albero dei Desideri. Sai dove posso trovarla?"

La tartaruga sorrise e disse: "La chiave che cerchi è nascosta nel profondo del fiume. Ma per trovarla, devi imparare la pazienza. Siediti e ascolta il fiume. Ti guiderà."

Nico si sedette sulla riva del fiume e chiuse gli occhi, ascoltando il suono dell'acqua che scorreva dolcemente. Dopo un po', sentì un leggero tocco sulla mano. Aprì gli occhi e vide una chiave dorata che brillava sul fondo del fiume. "Grazie, tartaruga!" esclamò Nico, prendendo la chiave con gratitudine.

La seconda tappa del suo viaggio lo portò a una collina erbosa. In cima alla collina c'era un vecchio gufo seduto su un ramo. "Ciao, gufo," disse Nico. "Sto cercando la seconda chiave per l'Albero dei Desideri. Sai dove posso trovarla?"

Il gufo rispose con voce calma: "La chiave che cerchi è nascosta tra le stelle. Guarda il cielo e cerca la stella che brilla più di tutte. Ti condurrà alla chiave."

Nico attese che il sole tramontasse e il cielo si riempisse di stelle. Tra le migliaia di luci scintillanti, ne vide una che brillava più intensamente. Concentrandosi su quella stella, sentì qualcosa di magico. Chiuse gli occhi e quando li riaprì, trovò una chiave d'argento ai suoi piedi. "Grazie, gufo!" disse Nico, felice di aver trovato la seconda chiave.

L'ultima tappa del suo viaggio lo portò a una foresta oscura. Nel cuore della foresta, Nico trovò un vecchio lupo con occhi saggi. "Ciao, lupo," disse Nico. "Sto cercando la terza chiave per l'Albero dei Desideri. Sai dove posso trovarla?"

Il lupo lo guardò intensamente e disse: "La chiave che cerchi è nascosta nel tuo cuore. Per trovarla, devi affrontare le tue paure e superare i tuoi dubbi. Solo allora la chiave apparirà."

Nico sentì un brivido, ma decise di affrontare la sua paura. Chiuse gli occhi e si concentrò sui suoi sentimenti. Pensò alle cose che lo preoccupavano e alle sue incertezze. Lentamente, sentì una sensazione di pace crescere dentro di sé. Aprì gli occhi e vide una chiave di bronzo brillare tra le sue mani. "Grazie, lupo!" disse Nico, sentendosi più forte e sicuro di sé.

Con le tre chiavi in mano, Nico tornò all'Albero dei Desideri. Appena posò le chiavi ai piedi dell'albero, questo iniziò a brillare di una luce calda e avvolgente. Un dolce sussurro riempì l'aria: "Nico, il tuo desiderio è puro e sincero. Verrà esaudito."

Nico chiuse gli occhi e pensò di nuovo al suo desiderio: "Vorrei che tutti nel mio villaggio siano sempre felici." Quando riaprì gli occhi, l'albero emise un bagliore dorato che si diffuse in tutto il villaggio.

Da quel giorno, il villaggio di Felicizia divenne ancora più felice. Le persone si aiutavano a vicenda, condividevano sorrisi e risate, e vivevano in armonia. Nico era felice di vedere il suo desiderio realizzato, ma capì anche che la vera magia non era nell'albero, ma nel cuore delle persone.

Ogni tanto, Nico tornava a visitare l'Albero dei Desideri, non per chiedere altri desideri, ma per ricordare il viaggio che aveva fatto e le lezioni che aveva imparato. Capì che ogni persona ha il potere di portare luce e gioia nella vita degli altri, e che i desideri più belli sono quelli che nascono dall'amore e dalla generosità.

E così, Nico visse felice e continuò a esplorare il mondo con il suo cuore gentile e il suo sorriso contagioso, sapendo che la vera magia era sempre dentro di lui e in ogni piccolo gesto di gentilezza che offriva al mondo.

The Wishing Tree

O nce upon a time, in a small village called Felicizia, lived a boy named Nico. Nico was known by everyone for his contagious smile and kind heart. Every day, Nico explored the woods around the village, always searching for new adventures.

One day, while walking along an unknown path, Nico noticed an extraordinary tree. It was different from any other tree he had ever seen: its branches stretched towards the sky like hands trying to grasp the stars, and its leaves shimmered with a thousand colors.

Nico approached cautiously. At the foot of the tree was an old book tied to a branch with a golden ribbon. Curious, Nico opened the book and began to read. The book spoke of the Wishing Tree, a magical tree capable of granting the deepest wishes of those with a pure and sincere heart.

"Wow, a wishing tree!" exclaimed Nico. But he soon realized there was a condition: "To have a wish granted, you must undertake a journey and find three keys hidden in the forest. Only then will the tree listen to your wish."

Determined, Nico decided to accept the challenge. Before setting off, he closed his eyes and thought of his deepest wish: "I wish everyone in my village could always be happy."

With his heart full of hope, Nico began his journey. The first stop led him to a crystal-clear river. On the riverbanks, he met an elderly turtle who seemed to know many stories. "Hello, turtle," said Nico. "I am looking for the first key to the Wishing Tree. Do you know where I can find it?"

The turtle smiled and said, "The key you seek is hidden deep in the river. But to find it, you must learn patience. Sit and listen to the river. It will guide you."

Nico sat by the riverbank and closed his eyes, listening to the sound of the gently flowing water. After a while, he felt a slight touch on his hand. He opened his eyes and saw a golden key shining at the bottom of the river. "Thank you, turtle!" exclaimed Nico, taking the key with gratitude.

The second stop of his journey led him to a grassy hill. At the top of the hill sat an old owl on a branch. "Hello, owl," said Nico. "I am looking for the second key to the Wishing Tree. Do you know where I can find it?"

The owl replied in a calm voice: "The key you seek is hidden among the stars. Look at the sky and find the star that shines the brightest. It will lead you to the key."

Nico waited for the sun to set and the sky to fill with stars. Among the thousands of sparkling lights, he saw one that shone the brightest. Focusing on that star, he felt something magical. He closed his eyes and when he reopened them, he found a silver key at his feet. "Thank you, owl!" said Nico, happy to have found the second key.

The last stop of his journey led him to a dark forest. In the heart of the forest, Nico found an old wolf with wise eyes. "Hello, wolf," said Nico. "I am looking for the third key to the Wishing Tree. Do you know where I can find it?"

The wolf looked at him intensely and said: "The key you seek is hidden in your heart. To find it, you must face your fears and overcome your doubts. Only then will the key appear."

Nico felt a shiver but decided to face his fear. He closed his eyes and focused on his feelings. He thought about the things that worried him and his uncertainties. Slowly, he felt a sense of peace grow within him. He opened his eyes and saw a bronze key shining in his hands. "Thank you, wolf!" said Nico, feeling stronger and more confident.

With the three keys in hand, Nico returned to the Wishing Tree. As soon as he placed the keys at the foot of the tree, it began to glow with a warm, enveloping light. A gentle whisper filled the air: "Nico, your wish is pure and sincere. It will be granted."

Nico closed his eyes and thought of his wish again: "I wish everyone in my village could always be happy." When he opened his eyes, the tree emitted a golden glow that spread throughout the village.

From that day on, the village of Felicizia became even happier. People helped each other, shared smiles and laughter, and lived in harmony. Nico was happy to see his wish come true, but he also realized that the true magic was not in the tree, but in the hearts of the people.

Every now and then, Nico would visit the Wishing Tree, not to ask for more wishes, but to remember the journey he had taken and the lessons he had learned. He understood that every person has the power to bring light and joy into the lives of others, and that the most beautiful wishes are those born from love and generosity.

And so, Nico lived happily and continued to explore the world with his kind heart and contagious smile, knowing that the true magic was always within him and in every small act of kindness he offered to the world.

Il Vento e il Segreto del Bosco Incantato

C'era una volta, in un piccolo villaggio chiamato Armonia, un bambino di nome Leo. Leo amava ascoltare il vento. Ogni giorno, si sedeva sotto il grande albero al centro del villaggio e lasciava che il vento gli sussurrasse nelle orecchie storie di terre lontane e avventure incredibili.

Un giorno, mentre ascoltava il vento, Leo sentì qualcosa di diverso, un sussurro misterioso che parlava di un segreto nascosto nel Bosco Incantato. "Solo il vento più coraggioso può trovare la verità," diceva il sussurro.

Determinato a scoprire di più, Leo decise di seguire il vento. Si avventurò nel Bosco Incantato, un luogo di straordinaria bellezza e mistero, dove ogni albero, ogni foglia sembrava vivere di magia.

Mentre camminava, il vento lo guidava, sussurrandogli indicazioni e incoraggiamenti. "Vai avanti, Leo. Il segreto è vicino," diceva il vento, riempiendo il cuore del bambino di coraggio.

Incontrò diversi animali lungo il cammino. Ogni incontro era un piccolo passo verso la scoperta del segreto del bosco. La prima fu una saggia civetta che lo osservava dall'alto di un ramo. "Ciao, civetta," disse Leo. "Sto cercando il segreto del Bosco Incantato. Puoi aiutarmi?"

La civetta, con i suoi occhi profondi, rispose: "Il segreto è nascosto nel cuore del vento. Ascolta attentamente e il vento ti guiderà."

Leo ringraziò la civetta e continuò il suo cammino, lasciando che il vento lo conducesse. Il prossimo incontro fu con una volpe astuta che lo osservava da dietro un cespuglio. "Ciao, volpe," disse Leo. "Sto cercando il segreto del Bosco Incantato. Puoi aiutarmi?"

La volpe sorrise e rispose: "Il segreto è nascosto nella danza del vento. Segui i movimenti del vento e troverai la verità."

Leo ringraziò la volpe e proseguì, lasciandosi guidare dai dolci movimenti del vento tra gli alberi. Il suo ultimo incontro fu con un vecchio quercia, maestoso e forte. "Ciao, quercia," disse Leo. "Sto cercando il segreto del Bosco Incantato. Puoi aiutarmi?"

La quercia, con una voce profonda e risonante, rispose: "Il segreto è nascosto nella voce del vento. Ascolta i sussurri del vento e troverai la verità."

Leo si sedette ai piedi della quercia e chiuse gli occhi, concentrandosi sui sussurri del vento. Mentre ascoltava, i sussurri si trasformarono in una melodia dolce e rassicurante. Il vento parlava di amore, speranza e forza interiore.

Improvvisamente, Leo capì il segreto del Bosco Incantato: il vento non era solo un elemento della natura, ma una guida, un amico che parlava direttamente al cuore. Il vero segreto era che il vento poteva portare saggezza e coraggio a chiunque fosse disposto ad ascoltare.

Con il cuore colmo di gratitudine, Leo ringraziò il vento per la lezione preziosa. Tornò al villaggio, portando con sé la saggezza del Bosco Incantato. Raccontò a tutti la sua avventura e ciò che aveva imparato: ascoltare il vento, perché il vento porta con sé i segreti del mondo e il coraggio di affrontare qualsiasi sfida.

Da quel giorno, ogni volta che Leo si sentiva triste o insicuro, si sedeva sotto il grande albero al centro del villaggio e ascoltava il vento. E il vento, sempre fedele amico, lo confortava con i suoi sussurri, ricordandogli che la forza e la saggezza erano sempre con lui.

Il villaggio di Armonia divenne un luogo dove tutti impararono ad ascoltare il vento. Le persone trovarono forza nelle parole del vento e scoprirono che, proprio come Leo, avevano il coraggio e la saggezza dentro di loro, pronti a essere risvegliati da un semplice sussurro del vento.

The Wind and the Secret of the Enchanted Forest

Once upon a time, in a small village called Harmony, there was a boy named Leo. Leo loved to listen to the wind. Every day, he would sit under the big tree in the center of the village and let the wind whisper stories of distant lands and incredible adventures into his ears.

One day, while listening to the wind, Leo heard something different, a mysterious whisper that spoke of a secret hidden in the Enchanted Forest. "Only the bravest wind can find the truth," the whisper said.

Determined to learn more, Leo decided to follow the wind. He ventured into the Enchanted Forest, a place of extraordinary beauty and mystery, where every tree, every leaf seemed to live with magic.

As he walked, the wind guided him, whispering directions and encouragement. "Go on, Leo. The secret is near," the wind said, filling the boy's heart with courage.

He met various animals along the way. Each encounter was a small step towards discovering the forest's secret. The first was a wise owl watching him from a high branch. "Hello, owl," said Leo. "I'm looking for the secret of the Enchanted Forest. Can you help me?"

The owl, with its deep eyes, replied, "The secret is hidden in the heart of the wind. Listen carefully, and the wind will guide you."

Leo thanked the owl and continued his journey, letting the wind lead him. The next encounter was with a clever fox watching him from behind a bush. "Hello, fox," said Leo. "I'm looking for the secret of the Enchanted Forest. Can you help me?"

The fox smiled and replied, "The secret is hidden in the dance of the wind. Follow the wind's movements, and you will find the truth."

Leo thanked the fox and continued, letting the gentle movements of the wind through the trees guide him. His last encounter was with an old oak, majestic and strong. "Hello, oak," said Leo. "I'm looking for the secret of the Enchanted Forest. Can you help me?"

The oak, with a deep, resonant voice, replied, "The secret is hidden in the voice of the wind. Listen to the whispers of the wind, and you will find the truth."

Leo sat at the foot of the oak and closed his eyes, focusing on the wind's whispers. As he listened, the whispers turned into a sweet and reassuring melody. The wind spoke of love, hope, and inner strength.

Suddenly, Leo understood the secret of the Enchanted Forest: the wind was not just an element of nature, but a guide, a friend who spoke directly to the heart. The true secret was that the wind could bring wisdom and courage to anyone willing to listen.

With his heart full of gratitude, Leo thanked the wind for the precious lesson. He returned to the village, bringing with him the wisdom of the Enchanted Forest. He told everyone about his adventure and what he had learned: to listen to the wind, because the wind carries the world's secrets and the courage to face any challenge.

From that day on, whenever Leo felt sad or unsure, he would sit under the big tree in the center of the village and listen to the wind. And the wind, always a faithful friend, would comfort him with its whispers, reminding him that strength and wisdom were always with him.

The village of Harmony became a place where everyone learned to listen to the wind. People found strength in the wind's words and discovered that, just like Leo, they had courage and wisdom within them, ready to be awakened by a simple whisper of the wind.

Il Mistero della Mezzanotte

C'era una volta un piccolo villaggio chiamato Serenità, dove tutti gli abitanti si conoscevano e vivevano in armonia. Al centro del villaggio viveva una bambina di nome Emma, famosa per la sua curiosità infinita e il suo coraggio. Emma amava esplorare ogni angolo del villaggio e dei suoi dintorni, ma c'era un momento della giornata che la intrigava più di qualsiasi altro: la mezzanotte.

Da sempre, Emma aveva sentito storie su cosa succedeva a mezzanotte. Alcuni dicevano che il villaggio si trasformava in un luogo magico, altri che apparivano creature misteriose, ma nessuno sapeva dire con certezza cosa accadesse. Una notte, determinata a scoprire la verità, Emma decise di rimanere sveglia fino a mezzanotte.

Con l'arrivo della notte, Emma si preparò con una lanterna, una coperta e il suo diario. Quando l'orologio del villaggio segnò le undici e mezza, Emma uscì di casa e si diresse verso la piazza del villaggio, dove il grande orologio della torre dominava il paesaggio. Si sedette su una panchina, avvolta nella sua coperta, e aspettò.

Finalmente, l'orologio segnò la mezzanotte. In quel preciso istante, un vento leggero cominciò a soffiare, portando con sé un sussurro quasi impercettibile. Emma si guardò intorno, ma tutto sembrava normale. Delusa, stava per tornare a casa, quando notò una luce debole provenire dal bosco vicino al villaggio.

Spinta dalla curiosità, Emma decise di seguire la luce. Mentre si avvicinava al bosco, la luce diventava sempre più brillante. Entrò tra gli alberi, seguendo il bagliore, finché non si trovò davanti a un grande albero con una porta intagliata nel tronco. La porta era socchiusa e da dentro proveniva una luce calda e invitante.

Con il cuore che batteva forte per l'emozione, Emma spinse la porta e entrò. Si trovò in un mondo completamente diverso, un luogo incantato dove le stelle brillavano più luminose e le piante emettevano una luce soffusa. Era come se fosse entrata in un sogno.

In questo mondo incantato, Emma incontrò una creatura magica, una fata di nome Lilia. Lilia aveva ali trasparenti che scintillavano alla luce e un sorriso gentile. "Benvenuta, Emma," disse Lilia. "Ho aspettato tanto tempo per incontrarti."

Emma, sorpresa, chiese: "Come fai a conoscere il mio nome?"

Lilia sorrise e rispose: "Io conosco tutti i bambini curiosi e coraggiosi come te. Questo è il Regno di Mezzanotte, un luogo dove i sogni e la realtà si incontrano, ma solo coloro che hanno il cuore puro possono vederlo."

Affascinata, Emma chiese: "Cosa succede qui a mezzanotte?"

Lilia spiegò che ogni notte a mezzanotte, il Regno di Mezzanotte si apre per pochi minuti, permettendo a chi è abbastanza coraggioso e curioso di entrare. "Qui, le stelle raccontano storie, le piante cantano melodie antiche e ogni desiderio può diventare realtà," disse Lilia.

Emma trascorse quella notte esplorando il Regno di Mezzanotte con Lilia. Vide cose meravigliose: fiori che cambiavano colore con il suono del vento, ruscelli di acqua scintillante e creature magiche che danzavano sotto la luna. Ogni angolo di quel mondo era pieno di sorprese e bellezza.

Quando l'orologio del villaggio stava per segnare l'una, Lilia disse a Emma che era tempo di tornare. "Ricorda, Emma, il Regno di Mezzanotte esiste solo per chi crede nella magia e nei sogni. Ogni notte a mezzanotte, puoi tornare qui, ma solo se ascolti il tuo cuore."

Emma ringraziò Lilia per l'avventura indimenticabile e tornò al villaggio. Mentre camminava verso casa, il bosco sembrava tornare normale, ma Emma sapeva che il Regno di Mezzanotte era reale. Arrivata a casa, scrisse nel suo diario tutto quello che aveva visto e vissuto, promettendo a se stessa di tornare ogni notte a mezzanotte.

Da quel giorno, Emma visse con il cuore pieno di magia. Condivideva le sue storie solo con chi aveva il cuore aperto e la mente pronta a credere nell'impossibile. Il villaggio di Serenità divenne un luogo dove i sogni e la realtà si intrecciavano, grazie alla magia della mezzanotte.

Ogni notte, Emma tornava al Regno di Mezzanotte, vivendo nuove avventure e imparando lezioni preziose da Lilia e dalle altre creature magiche. Scoprì che il vero segreto della mezzanotte non era solo nella magia del Regno, ma nella capacità di credere nei sogni e nella bellezza nascosta nel mondo.

The Mystery of Midnight

Once upon a time, in a small village called Serenity, lived a girl named Emma, famous for her boundless curiosity and bravery. Emma loved exploring every corner of the village and its surroundings, but there was one moment of the day that intrigued her more than any other: midnight.

Emma had always heard stories about what happened at midnight. Some said the village transformed into a magical place, others spoke of mysterious creatures appearing, but no one could say for certain what occurred. One night, determined to uncover the truth, Emma decided to stay awake until midnight.

As night fell, Emma prepared with a lantern, a blanket, and her diary. When the village clock struck half-past eleven, Emma left her house and headed to the village square, where the big clock tower dominated the landscape. She sat on a bench, wrapped in her blanket, and waited.

Finally, the clock struck midnight. At that precise moment, a gentle breeze began to blow, carrying with it an almost imperceptible whisper. Emma looked around, but everything seemed normal. Disappointed, she was about to return home when she noticed a faint light coming from the nearby forest.

Driven by curiosity, Emma decided to follow the light. As she approached the forest, the light grew brighter. She entered among the trees, following the glow, until she found herself in front of a large tree with a door carved into its trunk. The door was ajar, and a warm, inviting light shone from within.

With her heart pounding with excitement, Emma pushed the door open and entered. She found herself in a completely different world, an enchanted place where the stars shone brighter and the plants emitted a soft glow. It was as if she had stepped into a dream.

In this enchanted world, Emma met a magical creature, a fairy named Lilia. Lilia had transparent wings that sparkled in the light and a gentle smile. "Welcome, Emma," said Lilia. "I have waited a long time to meet you."

Surprised, Emma asked, "How do you know my name?"

Lilia smiled and replied, "I know all the curious and brave children like you. This is the Kingdom of Midnight, a place where dreams and reality meet, but only those with a pure heart can see it."

Fascinated, Emma asked, "What happens here at midnight?"

Lilia explained that every night at midnight, the Kingdom of Midnight opens for a few minutes, allowing those who are brave and curious enough to enter. "Here, the stars tell stories, the plants sing ancient melodies, and every wish can come true," said Lilia.

Emma spent that night exploring the Kingdom of Midnight with Lilia. She saw wonderful things: flowers that changed color with the sound of the wind, streams of sparkling water, and magical creatures dancing under the moon. Every corner of that world was full of surprises and beauty.

As the village clock neared one o'clock, Lilia told Emma it was time to return. "Remember, Emma, the Kingdom of Midnight exists only for those who believe in magic and dreams. Every night at midnight, you can return here, but only if you listen to your heart."

Emma thanked Lilia for the unforgettable adventure and returned to the village. As she walked home, the forest seemed to return to normal, but Emma knew the Kingdom of Midnight was real. Once home, she wrote in her diary everything she had seen and experienced, promising herself to return every night at midnight.

From that day on, Emma lived with her heart full of magic. She shared her stories only with those whose hearts were open and minds ready to believe in the impossible. The village of Serenity became a place where dreams and reality intertwined, thanks to the magic of midnight.

Every night, Emma returned to the Kingdom of Midnight, living new adventures and learning valuable lessons from Lilia and the other magical creatures. She discovered that the true secret of midnight was not just in the magic of the Kingdom, but in the ability to believe in dreams and the hidden beauty in the world.

Il Segreto del Mare Incantato

C'era una volta un piccolo villaggio di pescatori chiamato Marina Serena, dove il mare era il cuore pulsante della comunità. Il mare forniva pesce per nutrire le famiglie, ispirava racconti di avventure lontane e portava la brezza salata che tutti amavano. Nel villaggio viveva una bambina di nome Sofia, curiosa e coraggiosa, con una passione sconfinata per il mare.

Sofia trascorreva ogni giorno sulla spiaggia, osservando le onde e ascoltando le storie dei pescatori. Uno di loro, il vecchio Capitano Luca, era noto per le sue storie affascinanti e misteriose sul mare. Un giorno, mentre Sofia ascoltava attentamente uno dei suoi racconti, il Capitano Luca menzionò un antico segreto nascosto nelle profondità del mare, un segreto che nessuno era mai riuscito a scoprire.

"Si dice," iniziò il Capitano Luca, "che nelle profondità del Mare Incantato ci sia una città sommersa chiamata Aquabella. Solo chi ha un cuore puro e coraggioso può trovarla e scoprire i suoi segreti."

Quella notte, Sofia non riuscì a smettere di pensare alla città sommersa di Aquabella. Decisa a scoprirla, si svegliò all'alba e si preparò per l'avventura. Prese il suo zainetto con un po' di cibo, una bottiglia d'acqua, una bussola e il suo diario. Con il cuore pieno di emozione, si diresse verso la spiaggia.

Salì su una piccola barca che aveva ereditato da suo nonno e remò verso l'orizzonte, seguendo le indicazioni del vecchio Capitano Luca. Dopo ore di navigazione, arrivò in un punto dove il mare era straordinariamente calmo e l'acqua così limpida che si potevano vedere i pesci nuotare sott'acqua. Sofia sapeva di essere arrivata nel luogo giusto.

Indossò la sua maschera da sub e si tuffò nelle acque cristalline. Mentre nuotava verso il fondo, la luce del sole filtrava attraverso l'acqua, creando riflessi dorati. Ad un tratto, vide una struttura imponente emergere dall'ombra: era Aquabella, la città sommersa.

Sofia si avvicinò e vide che le rovine erano coperte di coralli colorati e abitati da una moltitudine di creature marine. Ogni angolo della città sembrava raccontare una storia, e Sofia sentiva un senso di meraviglia crescere dentro di lei. Mentre esplorava, notò una piccola luce che brillava in fondo a una grotta.

Seguì la luce e si trovò davanti a una grande porta di pietra incisa con simboli antichi. Con un po' di sforzo, riuscì ad aprirla e scoprì una stanza segreta. Al centro della stanza c'era una conchiglia dorata, luminosa e pulsante di energia.

Quando Sofia toccò la conchiglia, una voce melodiosa riempì la stanza: "Benvenuta, Sofia. Solo chi ha un cuore puro e coraggioso può trovare questo luogo. La conchiglia che hai trovato è il cuore di Aquabella. Conserva i segreti e la saggezza del mare."

La voce continuò a spiegare che la conchiglia aveva il potere di portare pace e armonia a chiunque la possedesse, ma doveva essere usata con grande cura e responsabilità. Sofia capì l'importanza di quello che aveva trovato e promise di proteggere il segreto di Aquabella.

Tornò in superficie con la conchiglia, sentendosi diversa, più saggia e consapevole. Quando tornò al villaggio, condivise la sua avventura con il Capitano Luca, che la guardò con orgoglio. "Sapevo che avresti trovato Aquabella," disse con un sorriso. "Ora sei la custode del suo segreto."

Da quel giorno, Sofia visse con un nuovo senso di scopo. Usò la saggezza e la magia della conchiglia per aiutare il suo villaggio. Insegnò agli altri a rispettare il mare e a vivere in armonia con la natura. La conchiglia divenne un simbolo di speranza e pace per tutti.

Ogni sera, Sofia si sedeva sulla spiaggia con la conchiglia in mano, ascoltando il suono del mare e ricordando la sua avventura. Sapeva che il vero segreto del Mare Incantato era l'amore e il rispetto per la natura, e che la magia era sempre lì, pronta a essere scoperta da chiunque avesse il cuore aperto e il coraggio di cercarla.

The Secret of the Enchanted Sea

Once upon a time, in a small fishing village called Marina Serena, the sea was the beating heart of the community. The sea provided fish to feed families, inspired tales of distant adventures, and brought the salty breeze everyone loved. In the village lived a girl named Sofia, curious and brave, with an endless passion for the sea.

Sofia spent every day on the beach, watching the waves and listening to the fishermen's stories. One of them, old Captain Luca, was known for his fascinating and mysterious tales about the sea. One day, while Sofia listened intently to one of his stories, Captain Luca mentioned an ancient secret hidden in the depths of the sea, a secret no one had ever discovered.

"It is said," began Captain Luca, "that in the depths of the Enchanted Sea lies a sunken city called Aquabella. Only those with a pure and courageous heart can find it and uncover its secrets."

That night, Sofia couldn't stop thinking about the sunken city of Aquabella. Determined to find it, she woke up at dawn and prepared for the adventure. She packed her backpack with some food, a bottle of water, a compass, and her diary. With her heart full of excitement, she headed to the beach.

She boarded a small boat she had inherited from her grandfather and rowed toward the horizon, following Captain Luca's directions. After hours of navigation, she arrived at a spot where the sea was extraordinarily calm, and the water was so clear that you could see the fish swimming below. Sofia knew she had arrived at the right place.

She put on her diving mask and dove into the crystal-clear waters. As she swam toward the bottom, the sunlight filtered through the water, creating golden reflections. Suddenly, she saw an imposing structure emerge from the shadows: it was Aquabella, the sunken city.

Sofia approached and saw that the ruins were covered in colorful corals and inhabited by a multitude of marine creatures. Every corner of the city seemed to tell a story, and Sofia felt a sense of wonder growing inside her. As she explored, she noticed a small light shining at the end of a cave.

She followed the light and found herself in front of a large stone door engraved with ancient symbols. With some effort, she managed to open it and discovered a secret room. In the center of the room was a golden shell, luminous and pulsating with energy.

When Sofia touched the shell, a melodious voice filled the room: "Welcome, Sofia. Only those with a pure and courageous heart can find this place. The shell you have found is the heart of Aquabella. It holds the secrets and wisdom of the sea."

The voice continued to explain that the shell had the power to bring peace and harmony to whoever possessed it, but it had to be used with great care and responsibility. Sofia understood the importance of what she had found and promised to protect Aquabella's secret.

She returned to the surface with the shell, feeling different, wiser, and more aware. When she returned to the village, she shared her adventure with Captain Luca, who looked at her with pride. "I knew you would find Aquabella," he said with a smile. "Now you are the guardian of its secret."

From that day on, Sofia lived with a new sense of purpose. She used the wisdom and magic of the shell to help her village. She taught others to respect the sea and live in harmony with nature. The shell became a symbol of hope and peace for everyone.

Every evening, Sofia sat on the beach with the shell in her hand, listening to the sound of the sea and remembering her adventure. She knew that the true secret of the Enchanted Sea was love and respect for nature, and that magic was always there, ready to be discovered by anyone with an open heart and the courage to seek it.